El mundo no se acaba

Un camino de sanidad y fe para mujeres que han sido traicionadas

Mirna Lizet Davila

📜 PÁGINA DE DERECHOS DE AUTOR

© 2025 Mirna Dávila

Todos los derechos reservados.

Ninguna parte de este libro puede ser reproducida, almacenada o transmitida por ningún medio, sin autorización previa por escrito de la autora, excepto en el caso de citas breves para reseñas.

Este libro es una obra de no ficción basada en experiencias personales. Los nombres y algunos detalles han sido modificados para proteger la privacidad.

Impreso en Estados Unidos de América.

💔 DEDICATORIA

A Dios,

porque cuando creí que todo había terminado,

Él me sostuvo, me sanó y me mostró que el mundo no se acaba.

A mis hijos,

Henry, Linda y Moisés Monterroso,

fruto de esa relación,

quienes me dieron razones para seguir viva

y por quienes volvería a pasar por todo nuevamente.

AGRADECIMIENTOS

A mis padres: Mamerto Rafael Dávila Solares (RIP)

María Celia Dávila Ortiz

por su amor y apoyo incondicional.

A mis cuatro hermosas hermanas desde la mayor hasta la menor: Lesvia, Alma, Marleny, Celina. A mis hermanos, sobrinas, sobrinos y familia extendida, por acompañarme en cada etapa de mi vida.

A mi familia espiritual: mis pastores José y Vilma del Cid y a la congregación de la iglesia de Cristo Monte Santo – Llamada Final, por ser refugio, oración y dirección en mis momentos más difíciles.

A mis compañeras de trabajo de la Clínica Virginia García Memorial Health Center Hillsboro site. Especialmente, Aurora Corona, Lydia Jackson, Samanta Flores y muchas más por su apollo desde el principio hasta el final.

PRÓLOGO

Una carta a la mujer que está rota

Si estás leyendo estas palabras, quizá tu corazón esté cansado, herido o confundido. Tal vez acabas de descubrir una traición, o llevas tiempo intentando reconstruirte sin saber por dónde empezar.

Quiero decirte algo desde el inicio: no estás sola.

Yo también pensé que mi mundo se había acabado. Sentí que la traición había borrado mis sueños, mi identidad y mi futuro. Pero hoy puedo decirte que, aun en medio del dolor más grande, Dios seguía escribiendo mi historia.

Este libro no nace desde la perfección, sino desde la sanidad. No pretende darte fórmulas mágicas, sino acompañarte con verdad, fe y esperanza.

Si hoy te sientes rota, quédate.

Dios todavía no ha terminado contigo

Versículo:

"El Señor está cerca de los quebrantados de corazón, y salva a los de espíritu abatido." Salmos 34:18 (NVI)

Tabla de Contenido

Prólogo – Una carta a la mujer que está rota

Capítulo 1 – Cuando el mundo parece acabarse

Capítulo 2 – El dolor más grande

Capítulo 3 – Cuando decides elegirte a ti

Capítulo 4 – Caminar sola, pero no abandonada

Capítulo 5 – Sanar lleva tiempo

Capítulo 6 – Cuando la fe se vuelve tu ancla

Capítulo 7 – Cuando Dios restaura lo que creías perdido

Capítulo 8 – El mundo no se acaba

Mensaje final de la autora

CAPÍTULO 1

Cuando el mundo parece acabarse

Nunca imaginé que una conversación pudiera partirme el alma en dos. El día que supe de la infidelidad, sentí que el piso desaparecía bajo mis pies. Todo lo que creía seguro —mi matrimonio, mi familia, mis planes— se derrumbó en un instante.

Había preguntas que no tenían respuesta y silencios que gritaban más fuerte que cualquier palabra. Me miré al espejo y no reconocí a la mujer que veía. ¿Quién era ahora? ¿Cómo se sigue viviendo cuando el corazón está hecho pedazos?

Durante mucho tiempo pensé que ese dolor era el final de mi historia. Que Dios se había quedado en silencio. Pero con el tiempo entendí algo importante: Dios no estaba ausente; estaba conmigo en el proceso, sosteniéndome aun cuando yo no podía sostenerme sola.

El mundo no se acabó ese día, aunque así lo sentí. Lo que se acabó fue una etapa. Y aunque no lo sabía entonces, otra estaba por comenzar.

Versículo:

"Porque yo sé los planes que tengo para ustedes —declara el Señor— planes de bienestar y no de calamidad, para darles un futuro y una esperanza."

Jeremías 29:11 (NVI)

Oración:

Señor, hoy vengo delante de Ti con un corazón herido. Siento que mi mundo se ha derrumbado y no sé cómo seguir. Te entrego mi dolor, mis preguntas y mi confusión. Aunque no entienda lo que está pasando, decido confiar en que Tus planes para mí siguen siendo buenos. Tómame de la mano y guíame paso a paso hacia la sanidad. Amén.

CAPÍTULO 2

El dolor más grande

El dolor de la traición no solo rompe el corazón, también sacude la identidad. No era solo la pérdida de un matrimonio; era la pérdida de la mujer que yo creía ser. Me preguntaba en silencio qué había hecho mal, en qué momento dejé de ser suficiente.

Había días en los que levantarme de la cama era una batalla. Sonreía por fuera, pero por dentro todo dolía. El rechazo, la humillación y la soledad se mezclaban con el miedo al futuro. Me sentía invisible, como si mi historia ya no importara.

Y aun así, en medio de ese dolor tan profundo, descubrí algo que cambió mi vida: Dios no se aleja cuando estamos rotas. Él se acerca. Él se sienta con nosotras en el suelo, recoge nuestros pedazos y comienza una obra nueva.

Aprendí que llorar no es señal de debilidad, sino de humanidad. Que pedir ayuda no es fracaso, sino valentía. Y que el dolor, cuando se pone en las manos correctas, puede transformarse en propósito.

Versículo:

"Él sana a los quebrantados de corazón, y venda sus heridas."

Salmos 147:3 (NVI)

Oración:

Padre celestial, hoy pongo delante de Ti el dolor más grande que he cargado. Tú conoces mis lágrimas, mis noches en silencio y mis heridas profundas. Te pido que vengas a sanar lo que fue quebrado y a restaurar lo que fue herido. Enséñame a ver mi historia con Tus ojos y a confiar en que aún hay propósito para mi vida. Amén.

CAPÍTULO 3

Cuando decides elegirte a ti

Llega un momento en el camino del dolor donde debes tomar una decisión: quedarte en la herida o comenzar a sanar. Para mí, esa decisión no fue fácil. Elegirme a mí misma significó aceptar que no podía salvar a quien no quería cambiar, y que mi valor no dependía de que alguien se quedara.

Tomar la decisión de divorciarme fue uno de los actos más difíciles, pero también uno de los más valientes de mi vida. No fue egoísmo; fue supervivencia. Fue entender que Dios no me llamaba a vivir en migajas de amor, sino en dignidad y verdad.

Elegirme fue aprender a decir "basta", aun con lágrimas. Fue confiar en que, aunque el camino se viera incierto, Dios iría delante de mí. Fue soltar lo que me destruía para abrazar lo que me podía sanar.

Ese día no gané una batalla externa, pero comencé a ganar la más importante: la de volver a creer en mí.

Versículo:

"Sobre toda cosa guardada, guarda tu corazón; porque de él mana la vida."

Proverbios 4:23 (NVI)

Oración:

Señor, hoy decido elegirme, no desde el orgullo, sino desde el amor propio que Tú me enseñaste. Dame la valentía para poner límites sanos y la sabiduría para caminar conforme a Tu voluntad. Ayúdame a recordar que mi vida es valiosa y que Tú tienes cuidado de mí. Amén.

CAPÍTULO 4

Caminar sola, pero no abandonada

Después de la separación, el silencio se volvió parte de mi rutina. Había momentos en los que la casa se sentía demasiado grande y el futuro demasiado incierto. Aprender a caminar sola no fue algo que elegí, fue algo que me tocó vivir.

Hubo noches de preguntas y días de miedo. Pensé que la soledad sería mi castigo, pero con el tiempo entendí que también podía ser mi maestra. En ese espacio vacío, Dios comenzó a hablarme de una manera más profunda. Me enseñó que estar sola no significa estar abandonada.

Descubrí una fortaleza que no sabía que tenía. Aprendí a depender de Dios y no de las promesas humanas. Paso a paso, Él fue reconstruyendo mi confianza, recordándome que Su presencia era suficiente aun cuando todo lo demás faltaba.

Caminar sola me enseñó a escuchar mi propia voz, a sanar sin prisas y a confiar en que Dios estaba obrando, incluso en el silencio.

Versículo:

"No temas, porque yo estoy contigo; no desmayes, porque yo soy tu Dios que te esfuerzo."

Isaías 41:10 (NVI)

Oración:

Dios fiel, en los momentos en que me siento sola, ayúdame a recordar que Tú caminas conmigo. Llena los espacios vacíos con Tu paz y fortalece mi corazón cuando el miedo quiera dominarme. Confío en que Tu presencia me sostiene y me guía cada día. Amén.

Sanar lleva tiempo

Al principio quería sanar rápido. Quería dejar atrás el dolor, volver a sonreír y sentir que todo estaba "bien". Pero pronto entendí que la sanidad no es una carrera; es un proceso. Un proceso que requiere paciencia, honestidad y mucha gracia con una misma.

Hubo avances y retrocesos. Días de fortaleza y otros en los que el pasado volvía a doler. Aprendí que sanar no significa olvidar, sino recordar sin que duela igual. Dios me mostró que cada etapa tenía un propósito y que Él estaba trabajando aun cuando yo no veía cambios inmediatos.

Sanar fue permitirle a Dios entrar en las áreas más profundas de mi corazón. Fue perdonarme por mis errores, soltar culpas que no me pertenecían y aceptar que mi historia no había terminado, solo se estaba transformando.

Con el tiempo, entendí que cada lágrima regada con fe produce fruto.

Versículo:

"Y el Dios de toda gracia, que nos llamó a su gloria eterna en Jesucristo, después que hayáis padecido un poco de tiempo, Él mismo os perfeccione, afirme, fortalezca y establezca."

1 Pedro 5:10 (NVI)

Oración:

Señor, enséñame a confiar en Tu tiempo. Ayúdame a ser paciente conmigo misma y a reconocer que Tú estás obrando aun cuando no lo veo. Sana cada herida, fortalece mi espíritu y afírmame en Tu amor. Creo que mi proceso traerá fruto para Tu gloria. Amén.

CAPÍTULO 6

Cuando la fe se vuelve tu ancla

Hubo un tiempo en que mi fe fue lo único que me sostuvo. No tenía todas las respuestas, no veía claramente el camino, pero aprendí a aferrarme a Dios con todo lo que me quedaba. Cuando todo parecía inestable, la fe se convirtió en mi ancla.

Aprendí que creer no significa no sentir dolor, sino decidir confiar aun con el corazón temblando. Hubo días en los que solo podía decir: "Señor, ayúdame", y eso fue suficiente. Dios nunca me pidió perfección, solo un corazón dispuesto.

La fe me enseñó a soltar el control, a descansar en las promesas de Dios y a caminar paso a paso, aun cuando no veía el final del camino. Descubrí que cuando confiamos en Él, no caminamos solas; Él nos sostiene y nos guía.

Mi fe no eliminó las tormentas, pero me dio la fuerza para atravesarlas sin perder la esperanza.

Versículo:

"Ahora bien, la fe es la certeza de lo que se espera, la convicción de lo que no se ve."

Hebreos 11:1 (NVI)

Oración:

Señor, hoy afirmo mi fe en Ti. Aun cuando no entiendo todo lo que sucede, decido confiar en Tus promesas. Sé mi ancla en medio de cualquier tormenta y fortaléceme para seguir adelante con esperanza y paz. Amén.

CAPÍTULO 7

Cuando Dios restaura lo que creías perdido

Durante mucho tiempo pensé que algunas cosas en mi vida estaban rotas para siempre. Sueños, confianza, ilusión… todo parecía irrecuperable. Pero Dios, en Su infinita misericordia, tiene una forma muy especial de restaurar lo que creemos perdido.

La restauración no llegó de la manera que yo esperaba. No fue inmediata ni espectacular. Fue silenciosa, constante y profunda. Dios comenzó a sanar mi interior antes de cambiar mis circunstancias. Me enseñó que restaurar no siempre significa volver a lo que fue, sino crear algo nuevo a partir de lo que quedó.

Aprendí a agradecer incluso por lo que dolió, porque en ese proceso fui transformada. Dios tomó mis cenizas y las convirtió en belleza, mi tristeza en fortaleza y mi historia en testimonio.

Hoy puedo decir con certeza que Dios no desperdicia ninguna lágrima. Todo lo que ponemos en Sus manos, Él lo redime.

Versículo:

"Y os restituiré los años que comió la langosta…"

Joel 2:25 (NVI)

Oración:

Dios restaurador, hoy confío en que Tú puedes hacer nuevas todas las cosas. Te entrego lo que creí perdido y descanso en la certeza de que Tú estás obrando a mi favor. Gracias por transformar mi dolor en propósito y mi historia en esperanza. Amén.

CAPÍTULO 8

El mundo no se acaba

Hoy, al mirar atrás, puedo decirlo con convicción: el mundo no se acaba, aunque así lo sienta el corazón en medio del dolor. Lo que parecía un final fue, en realidad, un nuevo comienzo. No uno fácil, pero sí uno lleno de propósito.

Aprendí que la vida no se mide por lo que perdemos, sino por lo que permitimos que Dios haga con lo que queda. Descubrí que mi valor no dependía de un matrimonio, de una promesa rota ni de la aprobación de nadie, sino de Aquel que me creó.

Si estás leyendo este capítulo y aún te duele, quiero que sepas algo: tu historia sigue en proceso. Dios no ha terminado contigo. Aun desde las ruinas, Él levanta belleza. Aun desde las lágrimas, Él escribe esperanza.

El mundo no se acaba.

Tu fe puede renacer.

Tu corazón puede sanar.

Y tu vida puede florecer otra vez.

Versículo:

"He aquí, yo hago cosa nueva; pronto saldrá a luz; ¿no la conoceréis?"

Isaías 43:19 (NVI)

Oración: Señor, gracias porque mi historia no terminó en el dolor. Hoy recibo la esperanza que viene de Ti y creo que aún hay planes y propósitos para mi vida. Ayúdame a caminar con fe, a vivir con valentía y a confiar en que Tú haces nuevas todas las cosas. Amén.

MENSAJE FINAL DE LA AUTORA

Si llegaste hasta aquí, gracias por permitirme acompañarte en este camino. Este libro nació desde un lugar de profundo dolor, pero fue escrito desde un corazón sanado. No soy una mujer perfecta, pero soy una mujer restaurada por la gracia de Dios.

Mi deseo es que, al cerrar estas páginas, recuerdes que no estás sola y que tu vida tiene valor, propósito y futuro. Si mi historia te ayudó aunque sea un poco, entonces todo valió la pena.

El mundo no se acaba…

A veces, vuelve a comenzar.

Con amor y fe,

Mirna Lizet Dávila

Las siguientes páginas son para ti. Para escribir tu propio diario y reflección.

Tu propia historia. La historia que ayudara a que otras mujeres vean el mundo a través de tus ojos. Anota cómo te sientes , tus planes , tus metas tu jornada.

Tu mundo empieza aquí>>>>>

Ya te lo he ordenado: ¡Sé fuerte y valiente! ¡No tengas miedo ni te desanimes! Porque el Señor tu Dios te acompañará dondequiera que vayas».**Jose 1:9 (NVI)**

El te ordena.... .....no tienes otra opción....

Tu vida continúa….. sigue adelante…..>>>>

Se reviste de fuerza y dignidad y afronta segura el porvenir. Cuando habla, lo hace con sabiduría; cuando instruye, lo hace con amor. Está atenta a la marcha de su hogar y el pan que come no es fruto del ocio. Sus hijos se levantan y la

felicitan; también su esposo la alaba:«Muchas mujeres han realizado proezas, pero tú las superas a todas». Engañoso es el encanto y pasajera la belleza; la mujer que teme al Señor es digna de alabanza. ¡Sean reconocidos[a] sus logros y en las puertas de la ciudad sean alabadas sus obras! Proverbios 31:25-31(NVI)

Ves la luz al final del túnel?....Es Jesús esperando por ti a que empieces una nueva vida con El.....

Yo soy el camino, la verdad y la vida —contestó Jesús—. Nadie llega al Padre sino por mí. Juan 14:6(NVI)

Jesucristo es la respuesta a tu dolor… búscalo…..

Mira que estoy a la puerta y llamo. Si alguno oye mi voz y abre la puerta, entraré, cenaré con él y él conmigo. Apocalipsis 3:20 (NVI)

Jesucristo murió por ti y por mí para que tuviéramos vida eterna....El es la respuesta a tus plegarias.. tus oraciones....

»**Porque tanto amó Dios al mundo que dio a su Hijo único, para que todo el que cree en él no se pierda, sino que tenga vida eterna. Juan 3:16 (NVI)**

Sigue adelante hasta que encuentres a Jesucristo...el está esperando que le entregues tus cargas.....

»**Vengan a mí todos ustedes que están cansados y agobiados; yo les daré descanso. Mateo11:28 (NVI)**

Quiero tomar este tiempo para invitarte a entregar tu corazón a Jesucristo y que declares el es tu salvador ….

¿Qué afirma entonces? «La palabra está cerca de ti, la tienes en la boca y en el corazón».[a] Esta es la palabra de fe que predicamos: ⁹ que si confiesas con tu boca que Jesús es el Señor y crees en tu corazón que Dios lo levantó de entre los muertos, serás salvo. ¹⁰ Porque con el corazón se cree para ser justificado, pero con la boca se confiesa para ser salvo. ¹¹ Así dice la Escritura: «Todo el que confíe en él no será defraudado».[b] ¹² No hay diferencia entre judíos y los que no son judíos, pues el mismo Señor es Señor de todos y bendice abundantemente a cuantos lo invocan, ¹³ porque «todo el que invoque el nombre del Señor será salvo» Romanís 8-13 (NVI)

Felicidades has entregado tu vida al Señor Jesús y ahora empieza tu vida nueva en El.

Eres un nueva tu...

Por lo tanto, si alguno está en Cristo, es una nueva creación. ¡Lo viejo ha pasado, ha llegado ya lo nuevo!

2 corintios 5:17 (NVI)

«¡Levántate y resplandece que tu luz ha llegado!
   ¡La gloria del Señor brilla sobre ti!

Isaías 60:1 (NVI)

»"**El Señor te bendiga y te guarde; el Señor haga resplandecer su rostro sobre ti y te extienda su amor; el Señor mueva su rostro hacia ti y te conceda la paz**".

Numeros 6:24-26 (NVI)

Made in the USA
Coppell, TX
21 January 2026

69747595R00015